나는 태양에서 와서 태양으로 간다

* 이 책은 한·중남미협회 및 한국국제교류재단의 집필지원을 받아
저술되었습니다.

나는 태양에서 와서 태양으로 간다

호세 마르티의 소박한 詩들

Versos Sencillos

조갑동 옮김

KOREA
UNIVERSITY
PRESS
고려대학교
출판문화원

발간사

시는 마음의 문을 여는 창문이다.

사실 우리는 카리브에 위치한 쿠바에 대한 남다른 관심에도 불구하고 쿠바 사람들의 마음을 이해하고 소통할 기회는 많지 않았던 것 같다. 이런 면에서 이번에 번역 출판되는 호세 마르티(José Martí)의 시집《나는 태양에서 와서 태양으로 간다》(소박한 詩들)에 대한 기대가 크다.

쿠바는 카리브해에 위치하여 구세계와 신세계의 관문 역할을 했다. 아바나에는 스페인 국왕의 독점적 통제하에 전 세계에서 온 선박들의 깃발이 줄을 이으면서 신·구세계의 중간 기착지로서 명성을 누렸다. 쿠바는 파도처럼 밀려오는 수많은 문물과 유행 사조를 받아들여 기존의 것들과의 조화를 통해 중요한 문화의 거점으로 자리매김하였다. 1895년 말에 이루어 낸 독립을 몇 달 앞두고 전사한 호세 마르티는 이러한 분위기에서 배출된 모데르니스모(Modernismo) 시 운동의 선구자다.

호세 마르티는 19세기 말 쿠바의 독립 영웅으로 추앙받고 있는 사상가, 철학자, 언론인이자 시인이며 수필인인데 이 시집을 통해 자유, 우정, 형제애를 노래하고 쿠바인과 그들의 음악, 풍경에서 영감을 얻어 그 색감과 소리를 시로 형상화하고 있다.

《소박한 詩들》은 정치가로서 사상가로서 뿐만 아니라 시인으로서의 호세 마르티의 예술적 가치가 물씬 묻어나는 시집으로 쿠바의 현실적 문제와 자신의 경험에서 우러나온 마음을 노래한 작품들이다.

이 시집의 한글 번역 출판을 통해 우리 마음의 창을 여는 계기가 되고, 이에 더하여 쿠바와 한국 국민이 상호 이해의 폭을 넓히는 장이 마련되길 기대한다.

금번 번역 출판은 호세마르티 문화원의 Hector Hernandez Gonzalez-Pardo 부원장의 제안으로 시작되었고, 외교부 및 한국교류재단의 지원으로 가능하게 되었다. 지원해 주신 기관에 심심한 감사를 표한다. 또한 작품을 번역하신 조갑동 대사님의 열정에 감사드리며, 이 책을 출판해 준 고려대학교 출판문화원에도 사의를 표한다.

2017년 9월
신숭철 한·중남미협회 상근부회장

서序

여기에 수록된 나의 마음의 시가 어떻게 나왔는지 나의 친구들만은 알고 있다. 괴로웠던 그 겨울날, 스페인계 아메리카 사람들은 무서운 독수리가 내려다보고 있는 워싱턴에 모였었다.[1] 이 모임이 무지나 광신적인 믿음 때문이었는지 그렇지 않으면 겁을 먹거나 또는 단지 예의상 이루어진 것인지는 잘 모르겠다. 우리들 가운데 누가 몬테레이[2]와 차플테펙[3]의 독수리, 로페스[4]와 워커[5]의 독수리가 들어 있는 그 문장이 중남미 모든 나라 깃발을 발톱으로 움켜잡고 있다는 사실을 잊었다는 말인가! 나는 번민 속에서 살았다. 그러나 나는 그런 가운데 우리 동족이 지니고 있는 신중함과 기백을 확인할 수 있었다. 동시에 나는 공포와 수치심을 가질 수밖에 없었다. 스페인계 아메리카의 큰 조국으로부터 쿠바를 떼어 내려 하는 부당한 음모를 우리 쿠바인들이 오히려 돕는 것은 아닐까 생각했으며, 만일 그렇다면 이는 자기의 친부모를 죽이는 일과 같은 것이기 때문이며, 이 음모로 유일하게 득을 보

---

1 이 회의는 1889년 겨울 미국의 수도 워싱턴에서 열렸던 제1차 국제미주회의를 뜻함(역주 — 이하 이 시집의 주석은 역주로 역주 표기를 생략함)

2 몬테레이는 멕시코 누에보레온Nuevo Leon 주의 수도.

3 멕시코 서부 차풀테펙산의 성곽에 있는 육군사관학교 어린 생도들이 1847년 9월 13일 미국 군대의 침공을 물리친 영웅적인 사건이 있었음.

4 Narciso López Oriola(1798-1851)는 베네수엘라 출신으로 쿠바의 중요 정치 및 군대 직위에 있었음.

5 William Walker(1824-1860)는 미국 테네시에서 출생한 해적으로 중미 일대에서 각종 약탈과 부정행위로 온두라스의 투루히요에서 처형된 자임.

는 측은 위장을 한 새로운 주인일 뿐이기 때문이다. 쿠바는 스페인계 아메리카의 한 식구이다. 이 스페인계 아메리카 조국은 쿠바가 들어가야만 식구가 다 모이게 될 수 있으며, 그러기에 큰 조국은 쿠바의 참여를 요구하는 것이다. 이러한 생각들이 부당한 고통으로 소진된 내 힘을 모두 빼앗아 갔다.

의사는 나를 산으로 보냈다. 그곳에는 냇물이 흐르고 있으며 하늘은 가끔 구름으로 덮이곤 한다. 나는 시를 썼다. 때로는 바다가 함성을 지르고 캄캄한 밤에는 피로 얼룩진 성곽 바위를 파도로 때린다. 벌 한 마리가 꽃들 사이로 맴돌면서 속삭인다.

마치 장난처럼 써 놓은 이 소박한 것들을 출판하면서, 머리카락을 쭈뼛 서게 하는 나의 **자유시편**, 저 우뚝 선 나의 11음절 시는 왜 출판하지 않을까? 이 자유시편들은 많은 두려움과 큰 기대 속에서 나왔으며 자유에 대한 주체할 수 없는 사랑, 아름다움에 대한 가슴 아픈 사랑으로부터 만들어진 것이다. 이 아름다움은 모래와 흙탕물 및 나무뿌리 사이로 흐르는 천연 금의 개울물과도 같고 용광로에서 나온 쇠붙이가 휘파람을 불면서 불꽃을 내뿜는 것과도 같으며 마치 불을 토해 내는 분수와도 같다. 그리고 내 **쿠바시편**은 어떤가? 여기에는 분노가 그렇게 넘치지만 오히려 그 분노가 보이지 않을 때가 더 좋은 것이 아닐까? 그리고 숨어 있는 많은 나의 죄와 그리고 순박하면서도 저항적인 모습의 문학적 표

현들은? 그런데 나는 왜 이러한 들꽃들로 내 시학 이론을, 그리고 내가 의도적으로 한 자음을 반복하거나, 풍경과 소리를 감정과 연결시키기 위하여 그것들을 분류하고 모으거나, 또는 혼란스러운 생각이 운율을 요구하지 않거나 장식을 필요로 하지 않을 때 그것들로 뛰어 넘어가기로 결정한 연유를 제시해야 하는 것일까? 어쨌든 이 시들을 출판하게 된 것은 시와 우정의 밤에 좋은 친구들이 이를 사랑으로 널리 받아들였기 때문이다. 그리고 나 또한 순박한 것을 사랑하며, 나의 감정을 편안하고 진실한 모습으로 보여 줄 필요가 있다는 것을 믿기 때문이다.

호세 마르티
1891년 뉴욕에서

Prólogo

Mis amigos saben cómo se me salieron estos versos del corazón. Fue aquel invierno de angustia, en que por ignorancia, o por fe fanática, o por miedo, o por cortesía, se reunieron en Washington, bajo el águila temible, los pueblos hispanoamericanos. ¿Cuál de nosotros ha olvidado aquel escudo, el escudo en que el águila de Monterrey y de Chapultepec, el águila de López y de Walker, apretaba en sus garras los pabellones todos de la América? Y la agonía en que viví, hasta que pude confirmar la cautela y el brío de nuestros pueblos; y el horror y vergüenza en que me tuvo el temor legítimo de que pudiéramos los cubanos, con manos parricidas, ayudar el plan insensato de apartar a Cuba, para bien único de un nuevo amo disimulado, de la patria que la reclama y en ella se completa, de la patria hispanoamericana, — me quitaron las fuerzas mermadas por dolores injustos. Me echó el médico al monte: corrían arroyos, y se cerraban las nubes: escribí versos. A veces ruge el mar, y revienta la ola, en la noche negra, contra las rocas del castillo ensangrentado: a veces susurra la abeja, merodeando entre las flores.

¿Por qué se publica esta sencillez, escrita como jugando, y no mis encrespados VERSOS LIBRES, mis endecasílabos hirsutos, nacidos de grandes miedos, o de grandes esperanzas, o de indómito amor de libertad, o de amor doloroso a la hermosura, como riachuelo de oro natural, que va entre arena y aguas turbias y raíces, o como hierro caldeado, que silba y chispa, o como surtidores candentes? ¿Y mis VERSOS CUBANOS, tan llenos de enojo, que están mejor donde no se les ve? ¿Tanto pecado mío escondido, y tanta prueba ingenua y rebelde de literatura? ¿Ni a qué exhibir ahora, con ocasión de estas flores silvestres, un curso de mi poética, y decir por qué repito un consonante de propósito, o los gradúo y agrupo de modo que vayan por la vista y el oído al sentimiento, o salto por ellos, cuando no pide rimas ni soporta repujos la idea tumultuosa? Se imprimen estos versos porque el afecto con que los acogieron, en una noche de poesía y amistad, algunas almas buenas, los ha hecho ya públicos. y porque amo la sencillez, y creo en la necesidad de poner el sentimiento en formas llanas y sinceras.

José Martí
Nueva York: 1891

목차

* 각 시의 제목이 붙여져 있지 않아 독자의 편의를 고려하여 시의 첫 소절을 제목으로 삼았음

나는 태양에서
와서
태양으로
간다

I

나는 종려나무가 자라는 고장의
성실한 사람이다.
나는 죽기 전에
내 영혼의 시를 읊고 싶다.

나는 모든 고장을 다녀왔고
또한 모든 고장을 향해 가련다.
나는 예술 속에서는 예술이 되고
산속에서는 산이 된다.

나는 이상한 풀과 꽃의
이름을 안다.
생명을 앗아가는 거짓도 알며
숭고한 슬픔도 안다.

나는 어두운 밤,
성스럽게 아름다운
티 없는 광선이 내 머리 위로
쏟아져 내리는 것을 보았다.

나는 아름다운 여인의 어깨에서
날개가 솟아나는 것을 보았고,
돌 부스러기 속에서
나비들이 날아 나오는 것을 보았다.

I

Yo soy un hombre sincero
De donde crece la palma,
Y antes de morirme quiero
Echar mis versos del alma.

Yo vengo de todas partes,
Y hacia todas partes voy:
Arte soy entre las artes,
En los montes, monte soy.

Yo sé los nombres extraños
De las yerbas y las flores,
Y de mortales engaños,
Y de sublimes dolores.

Yo he visto en la noche oscura
Llover sobre mi cabeza
Los rayos de lumbre pura
De la divina belleza.

Alas nacer vi en los hombros
De las mujeres hermosas:
Y salir de los escombros
Volando las mariposas.

나는 단검을 허리춤에 끼고
살고 있는 한 남자를 보았다.
그는 자기를 죽인 여인의 이름을
절대로 입 밖에 내지 않는다.

반사광 같은 한순간
나는 영혼을 두 번 보았다.
첫 번은, 나의 불쌍한 아버지가 죽었을 때,
그리고 그 다음 번은 여인이 나에게 작별을 고할 때였다.

포도밭 입구 담장에서
난폭한 벌이
내 소녀의 이마를 쏘았을 때
나는 몸을 한 번 떨었다.

나는 한 번 큰 기쁨을 맛보았다.
아마 누구도 느껴 보지 못할 기쁨이다.
간수장이 눈물을 흘리면서 나의 사형선고를
읽을 때였다

나는 땅과 바다를 건너 들어오는
한숨소리를 듣는다.
그런데 이는 한숨이 아니고
내 아들이 잠에서 깨어나려는 것이었다.

He visto vivir a un hombre
Con el puñal al costado,
Sin decir jamás el nombre
De aquella que lo ha matado.

Rápida como un reflejo,
Dos veces vi el alma, dos:
Cuando murió el pobre viejo,
Cuando ella me dijo adiós.

Temblé una vez, —en la reja,
A la entrada de la viña, -
Cuando la bárbara abeja
Picó en la frente de mi niña.

Gocé una vez, de tal suerte
Que gocé cual nunca: - cuando
La sentencia de mi muerte
Leyó el alcaide llorando.

Oigo un suspiro, a través
De las tierras y la mar,
Y no es un suspiro, - es
Que mi hijo va a despertar.

보석 상자에서
가장 좋은 보석을 택하라 한다면
나는 진실한 친구 하나를 택할 것이고
사랑은 한 옆으로 미루어 둘 것이다.

나는 상처입은 독수리가 조용한 창공을
나는 것을 보았다.
그리고 독사가 자기 소굴에서
죽어가는 것도 보았다.

세상이 기력을 소진하고
빛을 잃고 쉴 때
나는 평화로운 시냇물이 깊은 침묵 속에서
속삭인다는 것을 잘 안다.

우리 집 문 앞에 떨어진
죽은 별 위에
두려움과 기쁨으로 굳어진 내 손을
대담하게 올려놓는다.

나의 용감한 가슴속에
나를 괴롭히는 고통을 감춘다.
노예의 땅에서 태어난 아들은
이 땅을 위해 살고, 침묵 속에 죽는다.

Si dicen que del joyero
Tome la joya mejor,
Tomo a un amigo sincero
Y pongo a un lado el amor.

Yo he visto el águila herida
Volar al azul sereno,
Y morir en su guarida
La víbora del veneno.

Yo sé bien que cuando el mundo
Cede, lívido, al descanso,
Sobre el silencio profundo
Murmura el arroyo manso.

Yo he puesto la mano osada,
De horror y júbilo yerta,
Sobre la estrella apagada
Que cayó frente a mi puerta.

Oculto en mi pecho bravo
La pena que me lo hiere:
El hijo de un pueblo esclavo
Vive por él, calla, y muere.

모두가 아름답고 한결같다.
모두가 음악이고 이성이다.
모두가 다이아몬드처럼
빛이 되기 전에는 석탄이다.

나는 안다. 바보는 지극히 화려하고 큰 슬픔 속에
땅에 묻힌다는 것을,
그리고 세상에서 나오는 모든 과일 중에
묘지에서 나오는 것만 한 것이 없다는 것을.

나는 입을 다문다. 나는 이해한다.
그리고 나는 시인의 화려한 탈을 벗는다.
내 박사 가운도 벗어서
시들어진 나뭇가지에 걸어 둔다.

Todo es hermoso y constante,
Todo es música y razón,
Y todo, como el diamante,
Antes que luz es carbón.

Yo sé que el necio se entierra
Con gran lujo y con gran llanto,—
Y que no hay fruta en la tierra
Como la del camposanto.

Callo, y entiendo, y me quito
La pompa del rimador:
Cuelgo de un árbol marchito
Mi muceta de doctor.

II

나는 이집트와 니그리시아[1]를 안다.
그리고 페르시아와 세노폰테도 알지만,
나는 산에서 내려오는
시원한 바람의 애무를 더 좋아한다.

나는 인간과 그들의 투쟁의
옛이야기를 안다.
그러나 나는 나팔꽃 위를
날아다니는 벌들을 더 좋아한다.

나는 바람이 나뭇가지 사이에서
부르는 노래를 안다.
누구도 내 말이 거짓이라고 하지 말라.
나는 진정으로 이를 좋아하기 때문이다.

겁에 질린 사슴 한 마리
우리로 돌아와 죽는다는 것을 나는 안다…
지친 가슴이
분노 없이 어둡게 죽어 가는 것을 나는 안다.

1 니그리시아는 나이지리아를 뜻함.

II

Yo sé de Egipto y Nigricia,
Y de Rusia y Xenophonte;
Y prefiero la caricia
Del aire fresco del monte.

Yo sé las historias viejas
Del hombre y de sus rencillas;
Y prefiero las abejas
Volando en las campanillas.

Yo sé del canto del viento
En las ramas vocingleras:
Nadie que me diga miento,
Que lo prefiero de veras.

Yo sé de un gamo aterrado
Que vuelve al redil, y expira, –
Y de un corazón cansado
Que muere oscuro y si ira.

III

나는 내 호텔 낭하의
가면과 가식(假飾)을 증오한다.
나는 편안한 소음이 있는
내 월계 언덕으로 돌아가련다.

나는 세상의 가난한 이들에게
내 운명을 걸고 싶다.
나는 바다보다
산속의 개울이 더 좋다.

용광로 속에서 빛을 내며 타는
부드러운 금은 버려라.
나에게는 햇살이 부서져 내리는
영원한 숲을 다오.

나는 금이 실험 튜브 속에서
소리를 내며 흙으로 변하는 것을 보았다.
나는 비둘기 한 마리가 날아갈 때
산야에 있고 싶다.

스페인 주교는 제단을 만들
기둥을 찾는다.
산속에 있는 내 사원의
기둥은 백양나무이다!

III

Odio la máscara y vicio
Del corredor de mi hotel:
Me vuelvo al manso bullicio
De mi monte de laurel.

Con los pobres de la tierra
Quiero yo mi suerte echar:
El arroyo de la sierra
Me complace más que el mar.

Denle al vano el oro tierno
Que arde y brilla en el crisol:
A mí denme el bosque eterno
Cuando rompe en él el sol.

Yo he visto el oro hecho tierra
Barbullendo en la redoma:
Prefiero estar en la sierra
Cuando vuela una paloma.

Busca el obispo de España
Pilares para su altar;
¡En mi templo, en la montaña,
El álamo es el pilar!

카펫은 순수한 고사리이고,
성벽은 자작나무이다.
빛은 천정에서 내려오는데
천정은 푸른 하늘이다.

밤이면 주교는
미사를 드리러 천천히 나온다.
그리고 말없이 마차를 타는데
이 마차는 솔밭의 솔방울이다.

마차를 끄는 조랑말은
파랑새 두 마리이다.
바람은 노래하고 춤을 추며
자작나무들도 노래를 부른다.

나는 돌로 된 침대에서
깊고 달콤한 잠을 잔다.
벌 한 마리 내 입을 스칠 때
세계는 내 몸 안에서 자라난다.

아침의 타는 불에
큰 조형물들이 빛을 발한다.
이 빛은 장미, 보라 그리고 짙은 붉은색으로
벽 거리를 물들인다.

Y la alfombra es puro helecho,
Y los muros abedul,
Y la luz viene del techo,
Del techo de cielo azul.

El obispo, por la noche,
Sale, despacio a cantar:
Monta, callado, en su coche,
Que es la piña de un pinar.

Las jacas de su carroza
Son dos pájaros azules:
Y canta el aire y retoza,
Y cantan los abedules.

Duermo en mi cama de roca
Mi sueño dulce y profundo:
Roza una abeja mi boca
Y crece en mi cuerpo el mundo.

Brillan las grandes molduras
Al fuego de la mañana,
Que tiñe las colgaduras
De rosa, violeta y grana.

새는 홀로 산에서
새벽 노을을 노래하고,
태양은 지평선을 감싼
엷은 막을 한숨에 태워 버린다.

앞 못 보는 주교,
늙은 스페인 주교에게
내 사원이 있는 산으로
곧 와 달라고 전해다오!

El clarín, solo en el monte,
Canta al primer arrebol:
La gasa del horizonte
Prende, de un aliento, el sol.

!Díganle al obispo ciego,
Al viejo obispo de España
Que venga, que venga luego,
A mi templo, a la montaña!

IV

나는 내 애인과 둘이서
파도를 따라 춤추며 함께 보냈던
구석구석을 그리면서
가 보련다.

우리는 단둘이만 있었다.
그런데 우리는 두 마리의 새가
어두운 굴속으로 날아
들어가는 것을 보았다.

그리고 그 여인은
가벼운 한 쌍을 응시하면서
정원사가 건네준 붉은 수선화를
꺾어 버렸다.

그 여인은 향기 나는 덩굴,
예쁜 봉선화,
그리고 별과 같은 재스민을
한 아름 안았다.

나는 세련된 신사처럼
그 여인에게 파라솔을 열어 주고 싶었다.
그러자 그 여인은 말했다. "이러지 말아요.
오늘만은 해를 보고 싶어요!"

IV

Yo visitaré anhelante
Los rincones donde a solas
Estuvimos yo y mi amante
Retozando con las olas.

Solos los dos estuvimos,
Solos con la compañía
De dos pájaros que vimos
Meterse en la gruta umbría.

Y ella, clavando los ojos,
En la pareja ligera,
Deshizo los lirios rojos
Que le dio la jardinera.

La madreselva olorosa
Cogió con sus manos ella,
Y una madama graciosa,
Y un jazmín como una estrella.

Yo quise, diestro y galán,
Abrirle su quitasol;
Y ella me dijo: "¡Qué afán!
¡Si hoy me gusta ver el sol!"

"이 떡갈나무 숲처럼
이렇게 큰 나무는 본 일이 없다.
여기에 분명 대성당이 있을 것이니
그리스도도 이곳에 있겠지."

"내 딸애가 어데서
첫영성체를 받아야 할지 이제 알겠다.
그 아이에게 챙이 넓은 큰 모자에
하얀 드레스를 입히련다."

날이 어두워진 다음,
내 애인과 나는 길로 나왔다.
종소리가 들리자
우리는 키스를 하였다.

아무도 없는 곳, 말없이 얼어 버린 호수로
나는 돌아가련다.
슬픈 배는 매어 두고
말 없는 노는 쉬게 하련다.

"Nunca más altos he visto
Estos nobles robledales:
Aquí debe estar el Cristo,
Porque están las catedrales."

"Ya sé dónde ha de venir
Mi niña a la comunión:
De blanco la he de vestir
Con un gran sombrero alón."

Después, del calor al peso,
Entramos por el camino,
Y nos dábamos un beso
En cuanto sonaba un trino.

¡Volveré, cual quien no existe,
Al lago mudo y helado:
Clavaré la quilla triste:
Posaré el remo callado!

V

거품으로 덮인 언덕을 보았다면
그것은 바로 나의 시를 본 것이다.
내 시는 산이고
깃털로 된 부채이다.

나의 시는 비수(匕首)와 같다.
이 비수의 손잡이에서는 꽃이 핀다.
나의 시는 분수이고
산호 같은 물을 뿌린다.

나의 시는
불붙은 장미의 엷은 초록색이다.
나의 시는 산에서 안식처를 찾는
상처 입은 사슴이다.

나의 시는 용감한 이들이 좋아할 것이다.
나의 시는 짧고 진실하며,
강철 같은 힘은
칼을 빚어낸다.

V

Si ves un monte de espumas
Es mi verso lo que ves:
Mi verso es un monte, y es
Un abanico de plumas.

Mi verso es como un puñal
Que por el puño echa flor:
Mi verso es un surtidor
Que da un agua de coral.

Mi verso es un verde claro
Y de un carmín encendido:
Mi verso es un ciervo herido
Que busca en el monte amparo.

Mi verso al valiente agrada:
Mi verso, breve y sincero,
Es del vigor del acero
Con que se funde la espada.

VI

이 세상에서 좋은 추억을
가지고 가라 한다면,
속이 깊은 아버지,
당신의 은빛 머리카락을 가지고 가겠어요.

만일 특별히 큰 은혜로
더 가지고 가라고 한다면,
화가가 그린 내 사랑하는
누이 초상화를 가지고 가겠어요.

만일 저세상으로
제일 큰 보물을 가지고 가라고 한다면,
나의 금 상자에 숨겨둔
댕기를 가지고 가겠어요.

VI

Si quieren que de este mundo
Lleve una memoria grata,
Llevaré, padre profundo,
Tu cabellera de plata.

Si quieren, por gran favor
Que lleve más, llevaré
La copia que hizo el pintor
De la hermana que adoré.

Si quieren que a la otra vida
Me lleve todo un tesoro,
!Llevo la trenza escondida
Que guardo en mi caja de oro!

VII

스페인의 아라곤을 위해서는
내 마음 한 구석에
솔직, 용감, 충직하며 원한 없는
아라곤의 모두를 간직할 자리를 마련하고 있다.

한 우둔한 자가
왜 그러냐고 묻는다면,
그곳에 한 친구를 가지고 있었고
그곳에 한 여인을 사랑했노라고 말하겠다.

저기 꽃이 핀 들판은
영웅적인 수호의 땅,
자기 생각을 지키기 위해서
사람들은 생명을 건다.

만일 한 시장이 압박하고
과묵한 왕이 분노를 돋운다면
아라곤의 남자는 숄을 뒤집어쓰고
총을 든 채 죽을 것이다.

VII

Para Aragón, en España,
Tengo yo en mi corazón
Un lugar todo Aragón,
Franco, fiero, fiel, sin saña.

Si quiere un tonto saber
Por qué lo tengo, le digo
Que allí tuve un buen amigo,
Que allí quise a una mujer.

Allá, en la vega florida,
La de la heroica defensa,
Por mantener lo que piensa
Juega la gente la vida.

Y si un alcalde lo aprieta
O lo enoja un rey cazurro,
Calza la manta el baturro
Y muere con su escopeta.

나는 에브로 강 갯벌이 감싸는
황색 대지를 사랑한다.
나는 라누사[2]와 파디야[3]의
푸른 옷의 성모 필라르[4]를 사랑한다.

나는 역경을 딛고
폭군을 쓰러뜨린 사람을 존경한다.
이 사람이 쿠바 사람이건, 또는 아라곤 사람이건,
나는 그를 존경한다.

나는 수놓은 층계가 있는
어두운 안뜰을 사랑한다.
나는 조용한 복도와
텅 빈 사원을 사랑한다.

나는 꽃 피는 대지를 사랑한다.
이슬람의 땅이건, 스페인의 땅이건 간에,
이 땅은 꽃 없는 내 생애에
꽃을 피게 한 고장이기 때문이다.

---

2 라누사(Juan de Lanuza)는 필립 2세 때의 법무장관.

3 파디야(Juan de Padilla)는 왕의 절대권력에 대항하여 일어난 꼬무네로 저항 민병대 대장.

4 성모 필라르(Virgen Pilar)는 스페인 아라곤의 저항정신의 상징으로 되어 있음.

Quiero a la tierra amarilla
Que baña el Ebro lodoso:
Quiero el Pilar azuloso
De Lanuza y de Padilla.

Estimo a quien de un revés
Echa por tierra a un tirano:
Lo estimo, si es un cubano;
Lo estimo, si aragonés.

Amo los patios sombríos
Con escaleras bordadas;
Amo las naves calladas
Y los conventos vacíos.

Amo la tierra florida,
Musulmana o española,
Donde rompió su corola
La poca flor de mi vida.

VIII

나는 죽은 친구가 한 명 있다.
그는 가끔 나를 보러 찾아온다.
내 친구는 앉아서 노래를 부르는데
노래 부르는 목소리는 아플 것이다.

"두 날개를 가진 새 등에서
푸른 하늘을 향하여 노를 젓는다.
새의 날개 하나는 검은 색이고
또 하나는 카리부[5] 금색이다.

마음은 미쳤나봐
색깔 구별을 못하네.
그의 사랑은 두 가지 색이던가
그렇지 않으면 사랑이 아니라고 하네.

여기 마음이 불행한 놈보다
더욱 난폭한 미친 여인이 있네.
이 여인은 그의 피를 빤 다음
웃음을 터뜨리네.

---

5 카리부(Cariboo)는 캐나다 동부 바위 산. 동부 피스 강과 헤이 강 사이에 있는 지역으로 석탄, 동, 금이 풍부한 광산이 있는 곳이다.

VIII

Yo tengo un amigo muerto
Que suele venirme a ver:
Mi amigo se sienta y canta;
Canta en voz que ha de doler.

"En un ave de dos alas
"Bogo por el cielo azul:
"Un ala del ave es negra,
"Otra de oro Caribú.

"El corazón es un loco
"Que no sabe de un color:
"O es su amor de dos colores,
"O dice que no es amor.

"Hay una loca más fiera
"Que el corazón infeliz:
"La que le chupó la sangre
"Y se echó luego a reir.

충실한 가정의 닻이
망가진 채 사는 사람은
길 잃은 배처럼 흘러서
어디로 가는지 모른다네."

고뇌가 이 지경에 이를 때면
죽은 자는 별안간 저주하기 시작하네.
나는 두개골을 어루만져 눕게 하고
죽은 자를 누여서 잠을 재우네.

"Corazón que lleva rota
"El ancla fiel del hogar,
"Va como barca perdida,
"Que no sabe a dónde va".

En cuanto llega a esta angustia
Rompe el muerto a maldecir:
La amanso el cráneo: lo acuesto:
Acuesto el muerto a dormir.

IX

한 날개의 그늘 아래서
이 이야기를 꽃피우고 싶다.
과테말라의 한 소녀가
사랑 때문에 죽은 이야기를.

꽃다발은 수선화였고
장식품은 물푸레나무와 재스민이었다.
우리는 그 소녀를
비단상자 관 안에 눕혔다.

… 그 소녀는 건망증이 심한 이에게
향기 감도는 방석을 주었다.
그는 돌아왔으나 결혼한 뒤였다.
그 소녀는 사랑 때문에 죽었다.

사제들과 대사들은
관 속의 소녀를 인도해 가며,
뒤에서 사람들은 모두
꽃을 들고 띄엄띄엄 따라간다.

…그 소녀는 그를 다시 한 번 더 보고 싶어
전망대로 나와 보았다:
그는 자기 부인과 함께 돌아왔고,
그 소녀는 사랑 때문에 죽었다.

IX

Quiero, a la sombra de un ala,
Contar este cuento en flor:
La niña de Guatemala,
La que se murió de amor.

Eran de lirios los ramos,
Y las orlas de reseda
Y de jazmín: la enterramos
En una caja de seda.

..Ella dio al desmemoriado
Una almohadilla de olor:
Él volvió, volvió casado:
Ella se murió de amor.

Iban cargándola en andas
Obispos y embajadores:
Detrás iba el pueblo en tandas,
Todo cargado de flores.

...Ella, por volverlo a ver,
Salió a verlo al mirador:
Él volvió con su mujer:
Ella se murió de amor.

작별의 키스를 하자, 그 소녀의 이마는
마치 뜨거운 동판과 같았다.
그 이마는 내가 이 세상에서
가장 사랑했었다!

저녁녘에 그 소녀는 강물에 몸을 던졌다.
의사가 건진 소녀는 이미 죽어 있었다.
사람들은 추위 때문에 죽었다고들 하지만
나는 그 소녀가 사랑 때문에 죽은 것을 안다.

저기, 꽁꽁 언 납골당에서
그 소녀를 의자 두 개 위에 올려놓았다.
나는 그 소녀의 마른 손에 키스하고
그녀의 하얀 신발에 키스하였다.

어두워지자, 말 없던 묘지기는
나를 부르면서 말한다.
— 사랑 때문에 죽은 여인은
다시는 보지 못할 것이라고!

Como de bronce candente
Al beso de despedida
Era su frente ¡la frente
Que más he amado en mi vida!

...Se entró de tarde en el río,
La sacó muerta el doctor:
Dicen que murió de frío:
Yo sé que murió de amor.

Allí, en la bóveda helada,
La pusieron en dos bancos:
Besé su mano afilada,
Besé sus zapatos blancos.

Callado, al oscurecer,
Me llamó el enterrador:
¡Nunca más he vuelto a ver
A la que murió de amor!

X

홀로 요동하는 영혼은
밤이 되면 괴롭다,
무도회가 열린다.
스페인 무희를 보러 가자.

보도(步道) 위에 세운
깃대는 잘 치웠다.
만일 아직 서 있었으면
아마도 나는 들어가지 못했을 거야.

무희는 이미 도착하였다.
근엄하고 창백한 모습으로 왔다.
어떻게 그 여인이 갈리시아 사람이라고 하지?
그것은 틀렸어, 그 여인은 하늘에서 왔어!

무희는 투우사의 모자와
붉은 망토를 걸쳤다.
마치 비단 꽃이
모자를 쓴 것 같다!

옆을 지나갈 때 우연히 그녀의 눈썹이 보였다.
그것은 무어족의 배신자 눈썹이다.
눈매는 무어 여인의 것이고
귀는 눈처럼 희다.

X

El alma trémula y sola
Padece al anochecer:
Hay baile; vamos a ver
La bailarina española.

Han hecho bien en quitar
El banderón de la acera;
Porque si está la bandera,
No sé, yo no puedo entrar.

Ya llega la bailarina:
Soberbia y pálida llega:
¿Cómo dicen que es gallega?
Pues dicen mal: es divina.

Lleva un sombrero torero
Y una capa carmesí:
¡Lo mismo que un alelí
Que se pusiese un sombrero!

Se ve, de paso, la ceja,
Ceja de mora traidora:
Y la mirada, de mora:
Y como nieve la oreja.

막이 오르고 주위가 어두워진다.
여인은 숄과 망토를 입고 나와
성모 승천의
안달루시아 춤을 춘다.

도전하듯 이마를 높이 세우고
숄을 어깨 위로 던진다.
굽은 팔을 치켜들고
뜨거운 발을 서서히 움직인다.

마치 무대가
부서진 마음으로 되어 있는 듯
구두 굽으로 무대 위를
두들긴다.

그리고 그녀의 불타는 눈 속에서
향연은 무르익어 간다.
붉은 장식의 숄은 춤추면서
공중으로 날아간다.

별안간, 껑충 뛰면서 시작한다.
뒤틀며 웅크리다가 돌아온다.
캐시미어 숄이 양쪽으로 열리며
흰 가운을 보여 준다.

Preludian, bajan la luz,
Y sale en bata y mantón,
La virgen de la Asunción
Bailando un baile andaluz.

Alza, retando, la frente:
Crúzase al hombro la manta:
En arco el brazo levanta:
Mueve despacio el pie ardiente.

Repica con los tacones
El tablado zalamera,
Como si la tabla fuera
Tablado de corazones.

Y va el convite creciendo
En las llamas de los ojos,
Y el manto de flecos rojos
Se va en el aire meciendo.

Súbito, de un salto arranca:
Húrtase, se quiebra, gira:
Abre en dos la cachemira,
Ofrece la bata blanca.

몸은 흔들면서 비켜가고
그녀의 열린 입은 유혹한다.
그녀의 입은 한 그루의 장미꽃,
구두 굽으로 바닥을 서서히 두드리며 춤을 춘다.

가볍게 돈 다음
붉은 무늬의 망토를 휘어잡고
눈을 감고 떠난다.
한숨과 함께 떠난다.

희고 붉은 숄을 두른
스페인 여인은 춤도 잘 춘다.
외로이 홀로 떨고 있는 영혼아,
어서 안개 낀 그대의 은둔처로 돌아가라!

El cuerpo cede y ondea;
La boca abierta provoca;
Es una rosa la boca:
Lentamente taconea.

Recoge, de un débil giro,
El manto de flecos rojos:
Se va, cerrando los ojos,
Se va, como en un suspiro....

Baila muy bien la española;
Es blanco y rojo el mantón:
¡Vuelve, fosca, a su rincón
El alma trémula y sola!

XI

나에게는 아주 충실한 시동(侍童)이 있다.
나를 돌보아 주기도 하고, 나에게 투덜대기도 한다.
외출할 때는
내 월계관을 반짝이게 닦아 준다.

나에게는 모범적인 시동이 있다.
그는 먹지도 않고 자지도 않는다.
내가 일하거나 흐느껴 우는 것을 볼 때는
그는 몸을 움츠린다.

외출할 때면 이 악동은 사라졌다가
내 주머니 속에서 나타난다.
돌아올 때 이 고집통이는
재로 채운 컵을 나에게 준다.

잠을 자다가 날이 밝으면
그는 내 침대 옆에 앉는다.
글을 쓸 때면 나의 시동은
피를 흘려 잉크병을 채운다.

내가 늘 의지하는 내 시동은
걸을 때면 경쾌한 소리를 낸다. 그러나
내 시동은 얼어붙기도 하고 불꽃을 날리기도 한다.
나의 시동은 해골이다.

XI

Yo tengo un paje muy fiel
Que me cuida y que me gruñe,
Y al salir, me limpia y bruñe
Mi corona de laurel.

Yo tengo un paje ejemplar
Que no come, que no duerme,
Y que se acurruca a verme
Trabajar, y sollozar.

Salgo, y el vil se desliza
Y en mi bolsillo aparece;
Vuelvo, y el terco me ofrece
Una taza de ceniza.

Si duermo, al rayar el día
Se sienta junto a mi cama:
Si escribo, sangre derrama
Mi paje en la escribanía.

Mi paje, hombre de respeto,
Al andar castañetea:
Hiela mi paje, y chispea:
Mi paje es un esqueleto.

XII

배를 타고 노를 저어
유혹적인 호수를 향해 가고 있다.
햇빛은 순수한 금색이며,
내 영혼은 태양보다 더 진했다.

그런데 별안간 내 발밑을 보니,
역겨운 냄새가 올라온다.
죽은 물고기 한 마리가
노 젓는 배 안에 악취를 뿜어 준다.

XII

En el bote iba remando
Por el lago seductor,
Con el sol que era oro puro
Y en el alma más de un sol.

Y a mis pies vi de repente,
Ofendido del hedor,
Un pez muerto, un pez hediondo
En el bote remador.

XIII

접시꽃이 만발한 곳에서
길은 굽어지는데
천사는 한 대머리와
산책하고 있었다.

밤나무 숲가에서
이 한 쌍은 사라진다.
다만 대머리가 왕관처럼
빛을 내고 있었다.

깊은 숲속에서 도끼 소리가 들리고
새 한 마리는 높이 날아 지나간다.
그러나 이 한 쌍이 언제
첫 키스를 하였는지는 알 수 없다.

천사는 금발이고, 남자는
빛나는 대머리이다.
그는 덩굴나무가 사랑스럽게 감고 있는
나무줄기와 같다.

XIII

Por donde abunda la malva
Y da el camino un rodeo,
Iba un ángel de paseo
Con una cabeza calva.

Del castañar por la zona
La pareja se perdía:
La calva resplandecía
Lo mismo que una corona.

Sonaba el hacha en lo espeso
Y cruzó un ave volando:
Pero no se sabe cuándo
Se dieron el primer beso.

Era rubio el ángel; era
El de la calva radiosa,
Como el tronco a que amorosa
Se prende la enredadera.

XIV

그 가을날 아침은
절대로 잊을 수가 없다.
나는 그때 시들어 버린 가지에서
새싹이 돋는 것을 보았기 때문이다.

그 날 아침, 맥없이 불 꺼진 난로 옆에서
사랑에 빠진
한 소녀가
그의 손을 노인에게 내밀었다.

XIV

Yo no puedo olvidar nunca
La mañanita de otoño
En que le salió un retoño
A la pobre rama trunca

La mañanita en que, en vano,
Junto a la estufa apagada,
Una niña enamorada
Le tendió al viejo la mano.

XV

황색의 의사가 찾아와
나에게 약을 준다.
손 하나는 누렇게 떠 있고
또 한 손은 주머니 속에 넣고 있다.
그러나 저 모퉁이에 사는
내가 아는 의사의 손은 멀쩡하다.
그의 손 하나는 매우 하얗고,
또 한 손은 가슴 위에 있다.

작업복에 종이 모자를 쓴
제과점 주방장은 나에게
'말라가'나, '빠하레떼' 중 어떤 것을
원하는지 정중히 묻는다.
나는 과자점 여인을
너무 오랫동안 못 보았으니
봄날이 오면
나를 위해 키스를 준비해 달라고 했다.

XV

Vino el médico amarillo
A darme su medicina,
Con una mano cetrina
Y la otra mano al bolsillo;
¡Yo tengo allá en un rincón
Un médico que no manca
Con una mano muy blanca
Y otra mano al corazón!

Viene, de blusa y casquete,
El grave del repostero,
A preguntarme si quiero
O Málaga o Pajarete:
¡Díganle a la repostera
Que ha tanto tiempo no he visto,
Que me tenga un beso listo
Al entrar la primavera!

XVI

아랍 무늬 창문,
비에 젖은 문턱에서
달처럼 창백한
사랑에 빠진 한 젊은이가 명상에 잠긴다.

산비둘기 붉은 색 비단의
등의자에 앉은
창백한 에바는 아무 말 없이
오랑캐 꽃잎을 하나 따서 찻잔에 넣는다.

XVI

En el alféizar calado
De la ventana moruna,
Pálido como la luna,
Medita un enamorado.

Pálida, en su canapé
De seda tórtola y roja,
Eva, callada, deshoja
Una violeta en el té.

XVII

여인은 금발이다. 길게 늘어진 머리는
아랍 여인의 눈동자를 더욱 빛내 준다.
그 여인을 본 다음부터 나는
황금의 회오리바람 속에 산다.

여름 벌은 새 꽃을 찾아서
부지런히 날아간다.
이제는 전처럼 "무덤"이라 하지 않고
"에바"라고 하며, 이제 모든 것은 "에바"이다.

어둠 속에서,
무서운 폭포 물살 속으로 들어간다.
은색 잎사귀들 위에서는
무지개가 빛난다!

찡그린 눈으로 본다
분노한 산이 보여 주는 험악한 풍경을.
그리고 나의 하늘색 푸른 영혼에서는
장밋빛 수선화가 싹튼다!

숲을 지나 인근 호수로
산책을 나섰다.
나뭇가지들 사이로 나는
물 위로 걸어가는 그 여인을 본다.

XVII

Es rubia: el cabello suelto
Da más luz al ojo moro:
Voy, desde entonces, envuelto
En un torbellino de oro.

La abeja estival que zumba
Más ágil por la flor nueva,
No dice, como antes, "tumba":
"Eva" dice: todo es "Eva".

Bajo, en lo oscuro, al temido
Raudal de la catarata:
¡Y brilla el iris, tendido
Sobre las hojas de plata!

Miro, ceñudo, la agreste
Pompa del monte irritado:
¡Y en el alma azul celeste
Brota un jacinto rosado!

Voy, por el bosque, a paseo
A la laguna vecina:
Y entre las ramas la veo,
Y por el agua camina.

정원의 뱀은
휘파람을 불고, 침을 뱉으며
자기 구멍으로 미끄러져 들어간다.
새는 날개를 펴면서 나에게 노래한다.

나는 진동하는 우주 속의
하프이며 수금(竪琴)이다.
나는 태양에서 와서 태양으로 간다.
나는 사랑이고, 나는 시이다!

La serpiente del jardín
Silba, escupe, y se resbala
Por su agujero: el clarín
Me tiende, trinando, el ala.

¡Arpa soy, salterio soy
Donde vibra el Universo:
Vengo del sol, y al sol voy:
Soy el amor: soy el verso!

XVIII

미치광이 에바의 장신구는
검은 금으로 만든 것이다.
이 금은 순수한 사람이
바위 속 깊은 곳에서 캐낸 것이다.

예쁜 새 한 마리
어제 입으로 물어다 준 것은
번쩍이는 장신구인데
이것은 밀가루로 만든 모조품이었다.

에바는 검은 허리춤에
거짓 다이아를 단 다음,
순금의 장신구는
보석함에 두었다.

XVIII

El alfiler de Eva loca
Es hecho del oro oscuro
Que le sacó un hombre puro
Del corazón de una roca.

Un pájaro tentador
Le trajo en el pico ayer
Un relumbrante alfiler
De pasta y de similor.

Eva se prendió el oscuro
Talle el diamante embustero:
Y echó en el alfiletero
El alfiler de oro puro.

XIX

너의 눈은 붉게 타는 듯했고,
브로치는 아무렇게나 매달린 것으로 보아
어젯밤에 너는
금지된 장난을 했다고 생각했다.

나는 비열하고 배신하는 너를 미워했다.
나는 너를 죽이고 싶도록 미워했다.
천박하면서도 너무나 아름다운 너를 볼 때마다
나는 구역질이 났다.

그런데 어떻게 그리고 언제인지는 모르나
발견된 메모지를 보니
너는 밤새도록 나를 위해
울고 있었다.

XIX

Por tus ojos encendidos
Y lo mal puesto de un broche,
Pensé que estuviste anoche
Jugando a juegos prohibidos.

Te odié por vil y alevosa:
Te odié con odio de muerte:
Náusea me daba de verte
Tan villana y tan hermosa.

Y por la esquela que vi
Sin saber cómo ni cuándo,
Sé que estuviste llorando
Toda la noche por mí.

XX

내 사랑의 온기는 공포에 떤다.
에바는 금발이다. 그러나 에바는 허구이다.
신음하고 우는 나의 사랑을
구름이 와서 데려간다.

저기 가는 저 구름은
울고 있는 내 사랑을 가져간다.
나에게 에바는 배신자였다.
그래도 그녀는 나를 위로할 것이다!

XX

Mi amor del aire se azora;
Eva es rubia, falsa es Eva:
Viene una nube, y se lleva
Mi amor que gime y que llora.

Se lleva mi amor que llora
Esa nube que se va:
Eva me ha sido traidora:
¡Eva me consolará!

XXI

어제 화가들의 살롱에서
그 여인을 보았다.
그리고 어제 그 여인 뒤에서
내 가슴은 뛰었다.

그 여인은 그림에서
맨 바닥에 앉아 있었다.
발밑에는 지쳐 버린 남편이 자고 있었고,
벌거벗은 애기는 그녀의 가슴 위에 있었다.

지푸라기 위에는
남은 빵 부스러기가 보였다.
마치 수의를 입히듯
양옆으로는 큰 천을 걸쳐놓았다.

성난 대지에서는
제비꽃도, 가시나무 꽃도 나지 않는다.
그리운 집은 멀리 있고
하늘은 슬프고 어둡기만 하다!…

어제 화가들의
엄숙한 살롱에서
내 마음을 훔쳐간 이는
바로 저 아름다운 여인이다.

XXI

Ayer la vi en el salón
De los pintores, y ayer
Detrás de aquella mujer
Se me saltó el corazón.

Sentada en el suelo rudo
Está en el lienzo: dormido
Al pie, el esposo rendido:
Al seno el niño desnudo.

Sobre unas briznas de paja
Se ven mendrugos mondados:
Le cuelga el manto a los lados,
Lo mismo que una mortaja.

No nace en el torvo suelo
Ni una viola, ni una espiga:
¡Muy lejos, la casa amiga,
Muy triste y oscuro el cielo!...

¡Ésa es la hermosa mujer
Que me robó el corazón
En el soberbio salón
De los pintores de ayer!

XXII

나는 연미복에 각반을 찬
이상한 무도회에 갔었다.
한 해 중 뽑힌 사냥꾼들을 위해
연말이 되면 여는 행사이다.

보랏빛 공작부인은
붉은 색 연미복에 안겨 가고
화장을 짙게 한 자작은
탬버린을 타면서 시간을 알린다.

붉은 조끼가 지나가고
불타는 망사도 지나간다.
마치 앞 못 보는 사람 앞으로
잎사귀들이 날아가듯이

XXII

Estoy en un baile extraño
De polaina y casaquín
Que dan, del año hacia el fin,
Los cazadores del año.

Una duquesa violeta
Va con un frac colorado:
Marca un vizconde pintado
El tiempo en la pandereta.

Y pasan las chupas rojas,
Pasan los tules de fuego,
Como delante de un ciego
Pasan volando las hojas.

XXIII

나는 자연의 문을 통해
이 세상을 떠나고 싶다.
내가 죽으면 초록색 잎으로 덮인 차[6]로
데려가 다오.

배신자가 죽은 것처럼
나를 어두운 곳에 두지 마오.
나는 좋은 사람이고, 좋은 사람처럼
태양을 보면서 죽을 것이오.

---

6 Carro: 작품전집과는 달리 원고에서는 자동차가 아니고 ataúd (관)으로 되어 있음.

XXIII

Yo quiero salir del mundo
Por la puerta natural:
En un carro de hojas verdes
A morir me han de llevar.

No me pongan en lo oscuro
A morir como un traidor:
¡Yo soy bueno, y como bueno
Moriré de cara al sol!

XXIV

나는 무모한 화가 한 사람을 아는데,
그는 공기로 된 천과
망각의 거품 위에
그림을 그리겠다며 기쁘게 나갔다.

나는 거인 화가 한 사람을 아는데,
그는 절묘한 색채로
대형 상선에
꽃송이들을 그렸다.

나는 불쌍한 화가 한 사람을 안다.
그는 그림을 그릴 때면 물을 본다.
그 물은 깊은 사랑을 품고
파도로 울부짖는다.

XXIV

Sé de un pintor atrevido
Que sale a pintar contento
Sobre la tela del viento
Y la espuma del olvido.

Yo sé de un pintor gigante,
El de divinos colores,
Puesto a pintarle las flores
A una corbeta mercante.

Yo sé de un pobre pintor
Que mira el agua al pintar, –
El agua ronca del mar, –
Con un entrañable amor.

XXV

나는 기쁠 때면
단순한 어린 학생처럼
노란 카나리아의
검은 눈동자를 생각한다.

내 나라도 없고, 그렇다고
섬길 주인도 없이, 내가 죽을 때는
내 무덤 위에 한 개의 꽃다발과
그리고, 하나의 국기를 갖고 싶다!

XXV

Yo pienso, cuando me alegro
Como un escolar sencillo,
En el canario amarillo, –
¡Que tiene el ojo tan negro!

Yo quiero, cuando me muera,
Sin patria, pero sin amo,
Tener en mi losa un ramo
De flores, – ¡y una bandera!

XXVI

나는 이미 죽은 몸이지만
만일 살아 있다면,
어젯밤에 사랑의 약을 발견하였으니
나는 위대한 발견자이다.

한 사람이 십자가의 부름에 따라
죽을 결심을 하면
나가서 좋은 일을 훌륭히 하고
돌아올 때는 햇빛에 안겨서 돌아온다.

XXVI

Yo que vivo, aunque me he muerto,
Soy un gran descubridor,
Porque anoche he descubierto
La medicina de amor.

Cuando al peso de la cruz
El hombre morir resuelve,
Sale a hacer bien, lo hace, y vuelve
Como de un baño de luz.

XXVII

난폭한 원수는
우리 집에 불을 질렀다.
그의 칼날은 거리를 휩쓸었다
열대의 달빛 아래서.

스페인 사람의 칼에
성한 사람은 없었다.
해가 떠오르자, 거리는
온통 주검들로 널려 있었다.

총알 빗발 사이로
차 하나가 들어온다.
울면서 죽은 여인을 싣고 온 것이다.
칠흑 같은 밤중에 누군가가 문을 두드린다.

대문에는 총알 구멍이 나 있었다.
나를 부르는 여인은
나에게 생명을 준 사람,
우리 어머니가 나를 찾아 온 것이다.

죽음의 땅에서
용감한 아바나 시민들은
강인한 모성애 앞에서
모자를 벗었다.

XXVII

El enemigo brutal
Nos pone fuego a la casa:
El sable la calle arrasa,
A la luna tropical.

Pocos salieron ilesos
Del sable del español:
La calle, al salir el sol,
Era un reguero de sesos.

Pasa, entre balas, un coche:
Entran, llorando, a una muerta:
Llama una mano a la puerta
En lo negro de la noche.

No hay bala que no taladre
El portón: y la mujer
Que llama, me ha dado el ser:
Me viene a buscar mi madre.

A la boca de la muerte,
Los valientes habaneros
Se quitaron los sombreros
Ante la matrona fuerte.

우리는 마치 미친 사람처럼
키스한 다음, 어머니는 나에게 말한다.
"어서 가자, 어서, 얘야,
애기가 혼자 있어, 어서 가자!"

Y después que nos besamos
Como dos locos, me dijo:
"¡Vamos pronto, vamos, hijo:
La niña está sola: vamos!"

XXVIII

아버지가 누워 있는
장원의 산소에
그의 아들이 찾아온다
침략군의 병정이 되어.

전쟁터의 용사였으며,
국기를 덮고 있던 그의 아버지가
벌떡 일어나 호되게 뺨을 때리자
아들은 죽어 땅에 쓰러진다.

번갯불은 번쩍이고
장원의 바람은 소용돌이친다.
아버지는 아들을 안아서
무덤으로 데려간다.

XXVIII

Por la tumba del cortijo
Donde está el padre enterrado,
Pasa el hijo, de soldado
Del invasor: pasa el hijo.

El padre, un bravo en la guerra,
Envuelto en su pabellón
Álzase: y de un bofetón
Lo tiende, muerto, por tierra.

El rayo reluce: zumba
El viento por el cortijo:
El padre recoge al hijo,
Y se lo lleva a la tumba.

XXIX

왕의 초상화는 규정에 따라
모든 나라 문서에 나온다.
소년은 그 왕을 지키는 총에
쓰러졌다.

본명축일을 기념하는 것은
왕이 법으로 정한 것이다.
이 성스러운 기념식에 소년의 누나는
그 왕의 초상 앞에서 노래한다.

XXIX

La imagen del rey, por ley,
Lleva el papel del Estado:
El niño fue fusilado
Por los fusiles del rey.

Festejar el santo es ley
Del rey: y en la fiesta santa
¡La hermana del niño canta
Ante la imagen del rey!.

XXX

번갯불은 피를 흘리며,
검은 뭉게구름을 갈라놓는다.
화물선은 배출구를 통해
수백의 흑인들을 쏟아 놓는다.

난폭한 바람은
무성한 묘판을 짓밟는다.
헐벗은 노예들의 행렬은
가고 또 간다.

태풍은 노예로 가득한
창고를 두드린다.
아기를 안은 한 엄마는
비명을 지르며 지나간다.

태양은 사막에서처럼
지평선 위로 붉게 떠올랐다.
태양은 동산의 나무에서 목매어 죽은
한 노예를 비추었다.

한 소년은 이를 보았다.
신음하는 사람들의 고통에 몸서리쳤다.
그리고 죽은 이의 발아래서
목숨을 걸고 범죄는 씻어 버리겠다고 맹세했다.

XXX

El rayo surca, sangiento,
El lóbrego nubarrón:
Echa el barco, ciento a ciento,
Los negros por el portón.

El viento, fiero, quebraba
Los almácigos copudos:
Andaba la hilera, andaba,
De los esclavos desnudos.

El tempral sacudía
Los barracones henchidos:
Una madre con su cría
Pasaba, dando alaridos.

Rojo, como en el desierto,
Salió el sol al horizonte:
Y alumbró a un esclavo muerto,
Colgado a un seibo del monte.

Un niño lo vio: tembló
De pasión por los que gimen:
¡Y al pie del muerto, juró
Lavar con su vida el crimen!

XXXI

신(神)의 모델을 찾아
화가는 사람을 보내 찾아보려 하였다.
그렇지 않아요! 우리 둘이 조국을 위해
봉사할 사람을 찾는 것이었지!

사랑하고 아끼는 내 아들은
그림 속에 있는 것이 좋겠으나,
어두운 벼랑에서 원수와 얼굴을 맞대고
있는 것이 더 좋을 것이다!

그 애는 금발이며, 씩씩하고 남자답고,
자연의 기품을 지녔다.
아이는 나에게서 태어났고!
아이는 국기를 위해 태어났다!

내 용감한 아들아,
우리 둘이 함께 가자. 만일 내가 죽으면
나에게 키스해다오… 만일 네가…
나는 네가 비열하게 사는 것보다는 죽은 너를 더 보고 싶다!

XXXI

Para modelo de un dios
El pintor lo envió a pedir; —
¡Para eso no! ¡para ir,
Patria, a servirte los dos!

Bien estará en la pintura
El hijo que amo y bendigo: —
¡Mejor en la ceja oscura,
Cara a cara al enemigo!

Es rubio, es fuerte, es garzón
De nobleza natural:
¡Hijo, por la luz natal!
¡Hijo, por el pabellón!

Vamos, pues, hijo viril:
Vamos los dos: si yo muero,
Me besas, si tú... ¡prefiero
Verte muerto a verte vil!

XXXII

어두운 골목에서
나는 안개 속을 산책한다.
눈을 들면, 한 모퉁이에 서 있는
교회가 보인다.

신비 때문일까?
계시나 능력 때문일까?
무릎을 꿇는 것, 이것은 의무 때문일까?
무엇 때문일까?

밤은 떨고 있다. 포도넝쿨에서
벌레는 새싹을 갉아 먹는다.
속 비고 무심한 매미는
가을을 부르며 운다.

이제 두 마리가 울어댄다.
이중창을 들으면서 눈을 들면
산책길의 교회는
부엉이 모습이 된다.

XXXII

En el negro callejón
Donde en tinieblas paseo,
Alzo los ojos, y veo
La iglesia, erguida, a un rincón.

¿Será misterio? ¿Será
Revelación y poder?
¿Será, rodilla, el deber
De postrarse? ¿Qué será?

Tiembla la noche: en la parra
Muerde un gusano el retoño;
Grazna, llamando al otoño,
La hueca y hosca cigarra.

Graznan dos, atento al dúo
Alzo los ojos, y veo
Que la iglesia del paseo
Tiene la forma de un búho.

XXXIII

나는 무서운 불행 속에서
오! 별들아! 죽을 것만 같다.
나는 살고 싶어, 살고 파,
나는 아름다운 여인을 보고 싶어.

머리는 철모처럼
예쁜 얼굴을 돋보이게 하고,
그의 검은 머리는
다마스커스의 검처럼 빛이 난다.

저 여인은?… 세상의 모든 고뇌를
한데 엮은 다발을
몸에 맞추어 놓고
고통으로 가득한 영혼을 만들라!

그리고 이 여인은? 이 딱한 여인은
장밋빛 얇은 신발을 신고
빨간 입술에
유리알 같은 얼굴을 지니고 있다.

침울한 영혼은 절규한다.
여자여! 저주받을 여자여!
그러나 둘 중에 누가 정말 저주받을 여자인지
나는 모른다!

XXXIII

De mi desdicha espantosa
Siento, oh estrellas, que muero:
Yo quiero vivir, yo quiero
Ver a una mujer hermosa.

El cabello, como un casco,
Le corona el rostro bello:
Brilla su negro cabello
Como un sable de Damasco.

¿Aquella?... Pues pon la hiel
Del mundo entero en un haz,
Y tállala en cuerpo, y ¡haz
Un alma entera de hiel!

¿Ésta?... Pues esta infeliz
Lleva escarpines rosados,
Y los labios colorados,
Y la cara de barniz.

El alma lúgubre grita:
"¡Mujer, maldita mujer!"
¡No sé yo quién pueda ser
Entre las dos la maldita!

XXXIV

고통! 내가 고통을 지니고 있다고
누가 감히 말할 것인가?
번개가 치고 불이 난 다음에도
내가 아파할 시간은 있을 것이다.

이름 없는 아픔 가운데
가장 깊은 아픔을 나는 안다.
사람들의 노예가 되는 것이
이 세상에서 가장 큰 아픔이다!

산이 있으면, 높은 산은 올라가야 한다.
그런데, 영혼이여,
어느 누가 너의 죽음을
나에게 가져왔는지 보아야겠다!

XXXIV

¡Penas! ¿quién osa decir
Que tengo yo penas? Luego,
Después del rayo, y del fuego,
Tendré tiempo de sufrir.

Yo sé de un pesar profundo
Entre las penas sin nombres:
¡La esclavitud de los hombres
Es la gran pena del mundo!

Hay montes, y hay que subir
Los montes altos; ¡después
Veremos, alma, quién es
Quien te me ha puesto al morir!

XXXV

너의 칼이 나의 심장을 찌른다고 하여
무슨 상관인가?
나는 너의 칼보다 더 강력한
시(詩)를 갖고 있다!

이 아픔이 바닷물을 말리고
하늘을 흐리게 한다고 무슨 상관인가?
나의 시(詩)는 달콤한 위안,
고통의 날개에서 태어난다.

XXXV

¿Qué importa que tu puñal
Se me clave en el riñón?
¡Tengo mis versos, que son
Más fuertes que tu puñal!

¿Qué importa que este dolor
Seque el mar y nuble el cielo?
El verso, dulce consuelo,
Nace alado del dolor.

XXXVI

나는 이미 알고 있다,
살로 꽃을 만들 수 있고,
또 사랑의 힘을 빌어 하늘도 만들며
아 그리고 "하나의 아이"까지 만들 수 있다!

살을 가지고
전갈(全蠍)도 만들고
또한 장미벌레를 만들며, 그리고
저 무서운 부엉이도 만든다.

XXXVI

Ya sé: de carne se puede
Hacer una flor: se puede,
Con el poder del cariño,
Hacer un cielo, —¡y un niño!

De carne se hace también
El alacrán; y también
El gusano de la rosa,
Y la lechuza espantosa.

XXXVII

여자여, 여기 내 가슴이 있다.
네가 여기에 상처를 입힐 것을 나는 안다.
더 많은 상처를 입히게 하려면
내 가슴은 더 커야만 되겠지!

그런데 일그러진 영혼이여,
나의 기적적인 가슴이
상처가 깊으면 깊을수록,
나의 노래는 더욱 아름다워진다는 것을 나는 안다.

XXXVII

Aquí está el pecho, mujer,
Que ya sé que lo herirás;
¡Más grande debiera ser,
Para que lo hiriese más!

Porque noto, alma torcida,
Que en mi pecho milagroso,
Mientras más honda la herida,
Es mi canto más hermoso.

XXXVIII

폭군에 대한 것이라고?
폭군에 대한 모든 것 그리고 더 많은 것을 말하라!
분노한 노예의 손은
폭군의 치욕을 무찔러 버리리라!

잘못에 대한 것이라고?
암굴에는 무엇이 있고, 어두운 오솔길에는
무엇이 있는지 말하라.
폭군과 실책에 대해 할 수 있는 말은 모두 하라.

여자에 대한 것?
여자들에게 너는 물려 죽을 수도 있겠지,
그러나 여자들을 욕하면서
너의 일생을 더럽히지는 말아라!

XXXVIII

¿Del tirano? Del tirano
Di todo, ¡di más!: y clava
Con furia de mano esclava
Sobre su oprobio al tirano.

¿Del error? Pues del error
Di el antro, di las veredas
Oscuras: di cuanto puedas
Del tirano y de error.

¿De mujer? Pues puede ser
Que mueras de su mordida;
¡Pero no empañes tu vida
Diciendo mal de mujer!

XXXIX

나는 칠월에도 정월처럼
흰 장미를 키워
진실한 손을 내미는
내 좋은 친구에게 주련다.
그리고 내 생명의 심장을 도려내는
잔인한 이를 위해
엉겅퀴나 가시나무를 키우는 대신
흰 장미를 키우련다.

XXXIX

Cultivo una rosa blanca,
En julio como en enero,
Para el amigo sincero
Que me da su mano franca.
Y para el cruel que me arranca
El corazón con que vivo,
Cardo ni oruga cultivo:
Cultivo una rosa blanca.

XL

내 화가 친구는
햇빛에 휩싸인 구름 속에서
무릎을 꿇고 기도하는
황금색의 살찐 천사들을 그린다.

나를 위해서는 그의 붓으로
소심한 천사들을 그려 주오.
그들은 고맙게도 카네이션 꽃 두 송이를
나에게 안겨 준 분들이었소.

XL

Pinta mi amigo el pintor
Sus angelones dorados,
En nubes arrodillados,
Con soles alrededor.

Pínteme con sus pinceles
Los angelitos medrosos
Que me trajeron, piadosos,
Sus dos ramos de claveles.

XLI

너그러운 대지가
나에게 명예를 안겨 줄 때,
나는 블랑카나 로사를 생각지 않았고
또한 내가 받은 큰 은혜도 생각하지 않았다.

나는 무덤에 말없이 누워 있는
불쌍한 포수를 생각했다.
군인이었던 나의 아버지,
노동자였던 나의 아버지를 생각하였다.

우아한 봉투에
화려한 편지를 받았을 때,
나는 블랑카나 로사를 생각하지 않았다.
나는 외로운 무덤을 생각하였다.

XLI

Cuando me vino el honor
De la tierra generosa,
No pensé en Blanca ni en Rosa
Ni en lo grande del favor.

Pensé en el pobre artillero
Que está en la tumba, callado:
Pensé en mi padre, el soldado:
Pensé en mi padre, el obrero.

Cuando llegó la pomposa
Carta, en su noble cubierta,
Pensé en la tumba desierta,
No pensé en Blanca ni en Rosa.

XLII

이상한 사랑의 바자가 열린
바닷가에서
외롭고 슬픈 진주는
운 좋게 한천(寒天)을 만났다.

한천은 진주를
너무 오래 가슴에 품고,
보다가 실증을 느끼자
바다에 던져 버렸다.

무모한 분노로 독을 품게 된 한천은
울면서 예쁜 진주를
돌려달라고 바다에게 요청하였다.
그러자 폭풍 속의 바다는 말한다.

"이 바보야, 도대체 갖고 있던 진주를
어떻게 했니?
너는 진주를 괴롭힌 다음 나에게 주었지?
나는 슬픈 진주를 보관하고 있단다."

XLII

En el extraño bazar
Del amor, junto a la mar,
La perla triste y sin par
Le tocó por suerte a Agar

Agar, de tanto tenerla
Al pecho, de tanto verla
Agar, llegó a aborrecerla:
Majó, tiró al mar la perla.

Y cuando Agar, venenosa
De inútil furia, y llorosa,
Pidió al mar la perla hermosa,
Dijo la mar borrascosa:

"¿Qué hiciste, torpe, qué hiciste
De la perla que tuviste?
La majaste, me la diste;
Yo guardo la perla triste".

XLIII

부인! 당신의 거친 머리, 당신의 금발을
당신의 어깨 위에서
나는 정성을 다해 모으겠소.
천천히 그 머리를 늘어뜨린 다음
조용히 입 맞추겠소.

예쁜 귀 위로
탐스러운 머리카락은 늘어지고,
마치 커튼과도 같이
목을 향해 일어서네.
귀는 성스러운 작품,
중국 도자기와 같네.

부인, 당신의 엉킨
붉은 머리를 다듬어서
드러나 보이는 목에
나는 성의껏 올려놓고
천천히 머리를 넓게 펴면서
머리카락 하나하나를 고를 것이요.

XLIII

Mucho, señora, daría
Por tender sobre tu espalda
Tu caballera bravía,
Tu caballera de gualda,
Callado la besaría.

Por sobre la oreja fina
Baja lujoso el cabello,
Lo mismo que una cortina
Que se levanta hacia el cuello.
La oreja es obra divina
De porcelana de China.

Mucho, señora, te diera
Por desenredar el nudo
De tu roja cabellera
Sobre tu cuello desnudo:
Muy despacio la esparciera,
Hilo por hilo la abriera.

XLIV

표범은 갈색 메마른 산에
자기 은둔처를 가지고 있다.
나는 표범보다 더 많은 것을 지니고 있다.
나는 한 사람의 좋은 친구를 갖고 있기 때문이다.

장난감 같은 곳에서
여인은 일본 단풍베개를 베고 누워 잔다.
그러나 나는 말한다.
"그렇지만 친구와 같은 베개는 없다!"라고.

백작은 자기의 족보를 갖고 있고
걸인은 서광(曙光)을 갖고 있으며,
새들은 날개를 갖고 있지만
나는 저 멕시코에 친구 한 사람을 갖고 있다!

대통령님은 분수대가 있는 정원을 갖고 있고,
금과 곡식으로 가득한 보물을 갖고 있으나,
나는 더 많은 것을 갖고 있다.
나는 한 친구를 갖고 있다.

XLIV

Tiene el leopardo un abrigo
En su monte seco y pardo:
Yo tengo más que el leopardo,
Porque tengo un bun amigo.

Duerme, como en un juguete,
La mushma en su cojinete
De arce del Japón: yo digo:
"No hay cojín como un amigo".

Tiene el conde su abolengo:
Tiene la aurora el mendigo:
Tiene ala el ave: ¡yo tengo
Allá en México un amigo!

Tiene el señor presidente
Un jardín con una fuente,
Y un tesoro en oro y trigo:
Tengo más, tengo un amigo.

XLV

나는 대리석으로 된 사원의 회랑을 꿈꾼다.
이 회랑은 성스러운 침묵 속에
영웅들이 서서 쉬는 곳이다.
밤에는 영혼의 불빛 아래에서
나는 그들과 이야기한다.
그들은 줄을 서 있다.
나는 줄과 줄 사이를 산책한다.
나는 돌로 된 그들의 손에 키스한다.
그들은 돌로 된 눈을 뜨고, 돌로 된 입술을 움직인다.
돌로 된 수염이 떨고 있으며
돌로 된 칼을 빼들고는 운다.
칼집에 있는 칼은 떨고 있다!
아무 말 없이, 나는 그 손에 입을 맞춘다.

나는 밤이면 그들과 이야기한다!
그들은 줄 서 있고,
나는 줄 사이로 산책한다.
나는 눈물을 흘리면서 한 대리석을 포옹한다.
오! 대리석이여!
너의 자식들은 독이 든 주인의 컵으로
자신들의 피를 부어 마신다고 한다!
이들은 악한들의 썩은 언어로 말한다고 한다!
또한 이들은 피투성이가 된 밥상에서
치욕의 빵을 함께 먹는다고 한다!

XLV

Sueño con claustros de mármol
Donde en silencio divino
Los héroes, de pie, reposan:
¡De noche, a la luz del alma,
Hablo con ellos: de noche!
Están en fila: paseo
Entre las filas: las manos
De piedra les beso: abren
Los ojos de piedra: tiemblan
Las barbas de piedra: empuñan
La espada de piedra: lloran:
¡Vibra la espada en la vaina!:
Mudo, les beso la mano.

¡Hablo con ellos, de noche!
Están en fila: paseo
Entre las filas: lloroso
Me abrazo a un mármol: "¡Oh mármol,
Dicen que beben tus hijos
Su propia sangre en las copas
Venenosas de sus dueños!
¡Que hablan la lengua podrida
De sus rufianes! ¡que comen
Juntos el pan del oprobio,

이들은 쓸데없는 말로
마지막 공격을 놓쳤다고 한다!
오! 대리석이여!
잠든 대리석이여!
너의 종족은 다 죽어버렸다 한다!

내가 안고 있던 영웅은
나를 배에서 육지로 던져 버린다.
그는 내 목을 잡는다.
내 머리를 가지고 흙을 쓸어낸다.
팔을 치켜 올리는데
이 팔꿈치는 태양처럼 빛난다!
대리석은 말한다.
하얀 손은 허리를 더듬어 찾는다.
대리석 인간들은 받침돌에서 뛰어오른다.

En la mesa ensagrentada!
¡Que pierden en lengua inútil
El último fuego!: ¡dicen,
Oh mármol, mármol dormido,
Que ya se ha muerto tu raza!"

Échame en tierra de un bote
El héroe que abrazo: me ase
Del cuello: barre la tierra
Con mi cabeza: levanta
El brazo, ¡el brazo le luce
Lo mismo que un sol!: resuena
La piedra: buscan el cinto
Las manos blancas: del soclo
Saltan los hombres de mármol!

XLVI

당신의 슬픔은, 내 사랑이여,
아무도 볼 수 없는 곳에 감추어요.
자존심도 생각하고 또한 딴 사람
고통의 원인도 안 되게.

시(詩)는 나의 친구, 나는 너를 사랑한다.
내 가슴이 너무 무겁게 짓눌리고
무너질 때면
나는 이 슬픔을 너와 나누기 때문이다.

나 때문에 너는 괴로워하며,
내 모든 고통스러운 사랑, 내 모든 고민과 부끄러움을
너는 너의 사랑스러운 무릎 위에
간직하고 있다.

내가 차분히 사랑을 하고
옳은 일을 할 수 있도록
너는 내 영혼을 괴롭히는 모든 것이
너의 강물을 흐려 놓아도 상관치 않는다.

내가 미움 없는 순수한 마음으로
대지를 용감히 뛰어넘도록
너는 창백하고 굳게 내 사랑하는 동료를
이끌어 간다.

XLVI

Vierte, corazón, tu pena
Donde no se llegue a ver,
Por soberbia, y por no ser
Motivo de pena ajena.

Yo te quiero, verso amigo,
Porque cuando siento el pecho
Ya muy cargado y deshecho,
Parto la carga contigo.

Tú me sufres, tú aposentas
En tu regazo amoroso,
Todo mi amor doloroso,
Todas mis ansias y afrentas.

Tú, porque yo pueda en calma
Amar y hacer bien, consientes
En enturbiar tus corrientes
Con cuanto me agobia el alma.

Tú, porque yo cruce fiero
La tierra, y sin odio, y puro,
Te arrastras, pálido y duro,
Mi amoroso compañero.

이렇게 내 생명은 깨끗하고 차분히
하늘로 향해 가며,
너는 지극한 인내심으로
나의 슬픔을 끌어안는다.

내 몸을 너에게 던져 버리는
나의 고약한 습관은
너의 행복하고 자연스러운 조화와 너그러움을
흔들어 놓는다.

내 모든 슬픔을 너의 가슴 위에
던져서 괴롭히니,
너의 물 흐름이 여기는 흙빛, 또 저기는 붉은 빛으로
혼란스러워진다.

저 죽음 같은 백색은
한편 공격하며 으르렁거리고,
또 한편, 주체할 수 없는 슬픔의 무게로
신음 소리 나게 한다.

나쁜 마음을 먹고 태어난 사람이
나에게 하는 충고처럼
나를 결코 받아들이지 않는 저이를
망각의 세계에 버려야 할 것인가?

Mi vida así se encamina
Al cielo limpia y serena,
Y tú me cargas mi pena
Con tu paciencia divina.

Y porque mi cruel costumbre
De echarme en ti te desvía
De tu dichosa armonía
Y natural mansedumbre;

Porque mis penas arrojo
Sobre tu seno, y lo azotan,
Y tu corriente alborotan,
Y acá lívido, allá rojo,

Blanco allá como la muerte,
Ora arremetes y ruges,
Ora con el peso crujes
De un dolor más que tú fuerte,

¿Habré, como me aconseja
Un corazón mal nacido,
De dejar en el olvido
A aquel que nunca me deja?

시(詩)는, 죽은 이들이 찾아가는
신(神)이라고 사람들은 말한다.
시여, 우리 둘을 함께 처형하든가
우리 둘을 함께 살게 해 주오!

¡Verso, nos hablan de un Dios
Adonde van los difuntos:
Verso, o nos condenan juntos,
O nos salvamos los dos!

호세 마르티의 생애(1853-1895)

호세 마르티는 스페인의 마지막 식민지인 쿠바를 해방시키기 위해 전 생애를 바친 시인이었다. 그는 전 생애를 전장에 나아가 투쟁한 것은 아니었으나 일단 독립 전쟁에 투신해서 용감히 그의 젊음을 불살라 버렸다. 마르티는 언론인으로, 시인으로 그리고 웅변가로 그의 혁명이념을 키우고 이를 열심히 전파하였다. 그는 쿠바에는 정착하지 않고 유럽으로, 미국을 비롯한 남북미로 쉴 새 없이 다니면서 그의 혁명 의지를 모든 이가 느끼게 하였고, 그가 라틴아메리카의 진정한 영웅임을 세상에 인식시켰다.

호세 마르티의 아버지 마리아노 마르티(Mariano Martí)는 스페인 발렌시아 태생으로 1850년 쿠바로 이주하였다. 경찰 생활도 하였으나 주로 군복 재단사 일을 하였으며 일이 떨어지면 실업자가 되기도 하는 열악한 생활을 이어 갔다. 1852년 47세가 되던 해에 22세의 처녀와 결혼을 하였다. 결혼한 지 1년 후, 1853년 1월 28일, 첫 아들을 보았는데 그가 바로 호세 마르티이다. 그 이후로는 계속 딸만 여섯을 낳았다.

그의 집안 살림은 대단히 어려운 편이었다. 그러나 호세 마르티는 학교 공부도 하고 아버지 일도 도와주는 영리한 소년이었다. 그의 집안 분위기는 정치와는 거리가 멀었지만 그가 다니던 학교와 그의 집 주변은 그렇지가 않았다. 호세 마르티는 학교에서 수학과 교회역사 과목에서 상을 타기도 하며 공부 잘하는 학생으로 주목받고 있었다. 그런데 그가 다니던 '아바나 학교' 교장은 라파엘 마리아 데 멘디베(Rafael Maria de Mendive)로 당시 현대 정치에 깊숙이 관여해 오던 인사였다.

1868년 10월 10일 마르티가 15세 되던 해 '야라'라는 조그만 도시에서 폭동이 일어났다. "야라의 외침"은 독립을 위한 혁명의 상징이기도 하다. 아바나 학교는 실제로 혁명운동의 온상지처럼 간주되었다. 무슨 사건이 일어나도 쿠바 사람들은 알 길이 없었다. 다만 거리에 뿌리는 단편적인 호외 선전지가 전부일 뿐이었다. 1869년 1월, 스페인 군사령관의 시가행진을 가로막는다는 이유로 한 젊은이가 살해당하는 사건이 발생한 바 있었다. 이 사건에 대한 반발로 아바나 극장을 불태우는 사건이 발생하였다. 그런데 이때 호세 마르티는 〈자기 나라를 위하여 용감히 싸우다가 죽는다는 것은 얼마나 달콤한 것일까?〉라는 시를 썼으며 이 시는 멘디베(Mendive) 교장이 후원하는 주간지인 《자유조국*La Patria Libre*》에 게재되었다.

이 사건으로 극장 관람석에 있던 멘디베 교장은 체포되고 4개월간 투옥된 다음 스페인으로 추방되었다. 그러한 와중에도 마르티는 안전하였다. 그러나 그해 가을 스페인 왕실 생일 축하 군대 행진 시 일부 학생들이 크게 비웃는 행동을 보인 사건이 발생하였는데 여기에 마르티의 친구인 페르민(Fermin)의 동생이 개입되었다. 이에 따라 페르민의 집을 수색하면서 혁명 관련 문서가 발견되었으며, 그 문서 가운데 마르티의 글이 발견되어 마르티가 체포되었다. 재판이 있었는데 그의 친구 페르민은 6개월 언도를 받은 반면 재판장에서 마르티는 쿠바가 독립할 권리가 있다는 연설을 함에 따라 6년 징역을 언도받았다. 당시 마르티의 나이는 16세였다.

감옥에서 마르티는 그의 어머니에게 아래와 같은 편지를 보냈다.

"나는 열여섯 살입니다. 많은 사람들이 저를 보고 늙어 보인다고 합니다. 어떤 점에서는 그들의 말이 맞습니다. 저에게는 젊음의 무모함밖에는 없었기 때문입니다. 저의 심장은 상처를 받아 작아졌습니다. 어머니가 저 때문에 괴로워하실 것을 알고 있습니다. 그러나 저는 그 이상 괴롭다는 것도 사실입니다." 그는 이 편지와 함께 허리에서부터 발까지 쇠고랑을 차고 있는 모습의 사진을 보냈다. 이 편지를 받고 그의 부모는 백방으로 노력하여 1871년 1월 스페인으로 추방되게 하였다. 스페인에 가서도 1년간 감옥생활을 하였다. 발고랑을 차고 심한 감옥생활을 해 온 마르티는 그 이후에도 한평생 발의 상처를 안고 살아야 했다.

자유의 몸이 된 마르티는 많은 사람들을 만나고 자유로운 토론을 하였고, 가정교사도 하고 카디스 지방신문에 투고도 하면서 그 돈으로 공부를 계속하였다. 그 지방신문에 연재한 기사가 후에 단행본으로 출판된《쿠바 군대의 감옥》이라는 책이다. 스페인에는 박물관, 극장, 예술화랑 및 이주자들의 토론장 등이 많아서 오래간만에 즐거운 시간을 가질 수 있었다.

마르티는 스페인에서 4년간을 지냈다. 당시 스페인에서는 1874년 왕이 물러나고 단명하였던 공화정부가 수립되는 등 정계 움직임이 활발할 때였지만 마르티는 오직 시 쓰는 일에만 열중하였다. 마르티의 명석한 두뇌와 지성, 그리고 감옥생활로 훈련된 인내력은 주변사람들의 주의를 끌었다.

1874년 여름, 법학학위 획득을 위한 예비시험에 합격한 다음, 문과대학 철학학위를 위한 시험에서 그리스어와 문학, 형이상학과 역사지리 및 히브리어를 중심으로 쓴 논문을 1874년 10월 20일 우수한 성적으로 통과한다. 그러나 등록금을 내지 않았다는 이유로 증명서만 수여하고 교사자격증 수여는 거부당함으로써 안정된 교사생활을 보장받지 못하였다. 고정된 직장도 없고 자격증도 없다는 이 사실이 그의 생활을 계속 어렵게 하였다.

유럽을 떠날 결심을 하자, 그의 친구가 프랑스와 영국의 박물관이나 더 보고 가라고 권함에 따라 프랑스 파리로 간다. 그곳에서 세계적인 문인 빅토르 위고를 만난다. 이 문인은 당시 모든 지성인들처럼 쿠바의 독립을 지지하고 있었다. 그는 친구의 도움으로 멕시코로 간다. 멕시코에서 1865년부터 76년까지 머물렀는데 멕시코에 도착한 지 몇 주일 전에 마르티가 가장 아끼던 여동생이 세상을 떠났다. 그리고 그의 가족들도 경제적으로 어렵다는 것을 알게 되었다.

마르티의 재치 있는 말솜씨와 분석 능력은 멕시코 문단에서 크게 환영을 받았다. 당시 멕시코는 진보 성향의 정권이 지배하고 있었기에 마르티의 활동은 자유로웠지만 보수 정권이 들어서면서 '요주의 인물'로 낙인이 찍혔고 마르티의 활동에도 제동이 걸렸다.

1877년과 78년에는 과테말라에서 머물면서 대학교수와 고등학교 교사로 일하였다. 그 이후 추방당한 후 처음 아바나로 돌아가 몇 개월을 보낸다. 그러나 1879년 쿠바 해방을 위한 새로운 전선구축 음모 혐의로 다시 스페인으로 추방된다.

1880년 미국 뉴욕으로 갔다가, 1881년 초 베네수엘라의 카라카스에 가서 잠시 머물다 다시 미국으로 돌아가 정착한다. 마르티는 미국에서 쿠바 독립 군대를 재조직하는 일에 몰두한다. 쿠바와 푸에르토리코 이주민들을 대상으로 마르티는 정치의식과 교육에 전념하였다. 이들은 마르티를 전도자(예수의 제자) 또는 선생님(마에스트로)이라고 불렀는데 이 명칭은 마르티가 세상을 떠난 오늘날까지 그의 이름에 따라다니는 존칭이기도 하다.

1895년 2월 쿠바에서는 쿠바 독립과 푸에르토리코의 투쟁을 지원하는 혁명전쟁이 또다시 일어났다는 뉴스를 접한다. 이때 마르티는 이웃 도미니카 공화국 측의 소규모 지원 세력을 대동하고 쿠바의 동부지역에 상륙하였다. 이때 마르티는 이렇게 썼다. "나는 전쟁을 해야 한다고 주장하였다. 이제 전쟁이 일어났으니 나의 책임이 끝이 난 것이 아니라 이제부터 내 책임도 시작된 것이다. 나는 세상을 일으켜 세워야 한다. 그러나 나의 소박한 희망은 전투에 참여하여 마지막까지 싸우면서 나무 아래서 조용히 죽는 투사가 되는 것이다." 전투 참여 몇 주일 후 도스 리오스(Dos Rios) 전투에서 호세 마르티는 쓰러진다. 마르티는 쿠바 상륙 직전 뉴욕에 있는 그의 딸 마리아에게 이러한 편지를 보냈다. "사랑하는 내 작은 딸아, 하루에 한 페이지씩 글을 써라. 내 한 손에는 생명이 있고 또 한 손에는 죽음이 있다. 그리고 우리 조국은 내 어깨 위에 있다. 내가 몇 페이지나 너에게 글을 써 보내는지 기다려 봐라. 내가 살아 있다는 것을 알 때까지 나를 기다려다오."

호세 마르티는 남미의 독립운동가 시몬 볼리바르의 사상을 따르면서 이를 발전시키려고 노력하였다. 그의 정치신념은 언제나 도덕과 사회정의가 그 바탕을 이루고 있었다. 마르티의 사상은 27권의 방대한 저서에 담겨져 있다.

마르티의 문학작품은 그를 19세기 후반 스페인어 문학의 대표적인 문인으로 만들어 주었다. 가장 대표적인 저서로는《소박한 시들*Versos Sencillos*》이며, 시집《이스마엘리오*Ismaelillo*》와 마르티가 라틴아메리카의 어린이들에게 보내는 글로 채워진 월간지《황금시대*La Edad de Oro*》가 이에 포함된다.

호세 마르티는 1959년 1월에 집권 성공한 카스트로 쿠바혁명의 아버지로 추앙받고 있는 인물이다. 아바나 국제공항의 이름도 호세 마르티이며 아바나 시내 요소마다 호세 마르티의 동상이 세워져 있다.

조갑동

2017년 8월

호세 마르티가 이 시집을 바친 인사 소개

마누엘 안토니오 메르카도 (Manuel Antonio Mercado, 1838-1909)

멕시코의 변호사이며 정치인이다. 마르티가 가장 믿고 의지하던 친구이다. 이 친구의 도움으로 Revista Universal란 잡지사에 들어갔다. 1877년 마르티가 멕시코를 떠난 다음에도 꾸준히 서신 왕래를 유지하고 있었으며, 1894년 독립전쟁 준비를 위하여 잠시 멕시코로 다시 돌아갔을 때 이 친구의 따뜻한 환대를 받으며 그의 집에 투숙하였다. 마르티가 쿠바 혁명전쟁에서 죽기 바로 전날인 5월 18일에 메르카도에게 편지를 보냈는데 그 내용은 다음과 같다. "쿠바가 어서 빨리 독립을 함으로써 미국이 안티야스 지역으로 팽창하지 못하고 우리 아메리카 땅에서 쓰러지게 해야 한다. 나는 오늘까지 이를 위해 노력하였고, 앞으로도 그렇게 할 것이다."

엔리케 에스타라술라스 (Enrique Estrazulas)

주 뉴욕 우루과이 영사이며 마르티의 가까운 친구이다. 마르티가 1884년 5월부터 그 해 10월까지 우루과이 부영사로 임명받게끔 주선한 친구이다. 1887년 4월 16일 마르티는 주 뉴욕 우루과이 총영사로 임명받았으며, 이 직위는 1891년 10월에 사표를 낼 때까지 유지하였다.

나는 태양에서 와서 태양으로 간다

호세 마르티의 소박한 詩들

초판발행 1쇄 2017년 9월 8일

지은이 호세 마르티
옮긴이 조갑동
펴낸곳 고려대학교출판문화원

www.kupress.com
kupress@korea.ac.kr
02841 서울특별시 성북구 안암로 145
02-3290-4230, 4232
Fax 923-6311

찍은곳 한국컴퓨터인쇄정보

ISBN 978-89-7641-940-8 03870

값 12,000원